사랑하는
유쾌함을
와작 와작 ♡

유쾌한 워터멜론

유쾌한 워터멜론

발행	2025년 06월 17일
저자	차정은
펴낸이	한건희
펴낸곳	주식회사 부크크
출판사등록	2014.07.15.(제2014-16호)
주소	서울특별시 금천구 가산디지털1로 119 SK트윈테크타워 A동 305호
전화	1670 - 8316
E-mail	info@bookk.co.kr
ISBN	979-11-12-00932-6

www.bookk.co.kr
ⓒ 유쾌한 워터멜론, 2025
본 책은 저작자의 지적 재산으로서 무단 전재와 복제를 금합니다.

이 책은 작가의 말 및 일부 오리지널 시가 추가된
〈여름에는 상처가 제철〉 리커버 도서입니다.

유쾌한 워터멜론

차정은 지음

작가의 말

유쾌하지 않은 것들에 유쾌하다는 말을 올리면 그건 유쾌한 일이 되는 거야
오물거릴 수 있는 정도의 과즙이 팡팡 터지면 그건 수박의 맛이야

거대한 과즙을 한 입! 더위가 성큼 몰려온 순간을 온몸으로 받아친다

목차

3부 태양이 식은 계절

초여름 꽃집	12
햇빛의 상식	13
[별]을 수놓다	15
여름 추억 왜곡	16
차가운 바람 속에서 길 잃은 모든 것들의 이야기	19
열 열열 열열열 열사병	20
향수병	21
한낱 여름 따위에 익사하고	22
유리성	23
여름성	24
A에게 B로부터	25
여름의 자욱한 추억을 되짚으며	27
23. 다음 중 바다의 계절을 고르시오.	28
낮 출격 사건	29

4부 상처뿐인 여름에 헤엄을 치고

무한한 헤엄을 치다	32
매주 수요일 능소화 피는 날	33
난민의 집	34
고래의 인사말	35
해파리 사냥	36
낭만 실종 사건	37
꽃을 먹고 죽은 무덤은	39
멸종된 모든 것을 사랑하고	40
여름에는 상처가 제철	41
바람의 온도는 사막과 같이	42
낭만 배달부	43
레몬과 들뜨던 청춘을	44
들뜬 물거품은 여름 체질	45
무지개가 병에 감염 된다면	46
부재 중 여름	47
백합이 유출된 이야기	48
비릿한 바다의 바닷바람은 바다를 바란다	49
여름	50

5부 좋아한다고 말할 수 있는 그 맛을 좋아해

여름 깨우기	54
나른한 여름의 순간은 반드시 찾아온다	56
덧나버린 상처를 문지르는 거야!	58
유쾌한 상처 꿰매기	59
오래된 과일 시트러스 향	61
제로 파파야 주스	63
퐁당 껌과 포도당	65
토스트 교향곡	66
유쾌한 워터멜론	67
주파수 싸롱	69

3부 태양이 식은 계절

초여름 꽃집

나의 청춘을 장식할 꽃을 사러 방문합니다

세상이 거뭇이 잠기고 비가 추적이 내릴 때 방문한 꽃집
문 앞의 꽃들은 헝겊을 뒤집어쓴 채 비를 피하고 은은한 향기만 내뿜어 고요히 숨죽입니다

향기마저 빗물에 파묻힌 채
그렇게 발 들인 오래된 꽃집의 이야기는 꽃보다 짙은 녹음 향이 가득하고

세상 모든 꽃들의 꽃말은 아름답지만
누군가 붙인 인조적인 마음일 뿐인 것을

또다시 고개를 저으며 문밖으로 돌아선다

바닥 사이사이 삐죽 내민 잡초의 향이 아른거리니
흙 묻은 손끝을 한 움큼 집어 들고 마중합니다

낭만 한 송이는 8000원입니다

햇빛의 상식

뜨거운 햇발은 아름다운 감을 잃었다
두 손 꼭 잡던 계절에 손을 놓치고

헝클어진 라일락의 향기는 지나간 발길을 보여주어
하늘의 세상 밖 모든 것들은 길을 잃게 되었다

화요일의 어감이 좋아서
목요일의 수태가 좋아서 자꾸만 헤엄친다

아침을 올려다볼 때면
수면에는 밝은 광이 가득한 하늘이 예뻐서
해의 표적은 표시를 남긴다

동네에서 사랑을 말하면 그저 한때의 빛이라 말하고
사랑이 아름다운 이유는 한정되어 있기 때문인 것을

하늘을 열면 떨어지는 수많은 하늘이 아름다워
만지면 부드러운 마음이 사랑을 말합니다

뜨거운 별빛들은 무더기로 떨어져
마주할 상식에 주춤거린 채 햇빛을 구덩이에 빠트리고 자꾸만 빛나

사랑을 멈추지 않습니다

작게 떨어진 생채기에도 빛은 머물러 갈 수 있으니
어둠을 바라본 당신도 밝게 머물 수 있으니
우리는 이런 태양이 되기를 다시금 약속합시다

[별]을 수놓다

흑먹을 입힌 바다에는 항구의 불빛이 반짝이고
길 잃은 배들은 저 멀리 지평을 향해 나아간다

바다는 하늘의 색을 머금어 조금은 탁한 색을 띠고
노랗게 물든 모래사장에 추락한 껍데기를 한 움큼 주워 맞대면
실에 꿰었던 옥구슬이 하늘에 놓이고 달은 조각조각 잘게도 추락한다

어여쁜 하늘은 어떤 얼굴을 보이는지
모험을 떠난 아이들이 조각 진 모래사장에서 별을 수 놓아줄 때
푸르게 빛을 내던 하늘조차도 밤이 되자 휴식을 찾아 잠에 든다

바다의 빛들을 품어낸 하늘은 우주가 되기로 약조한다

여름 추억 왜곡

1
여름은 계절일까
한 마디에 손끝은 미미하게 흔들려
해를 잃은 해바라기는 병을 앓는다

나는 우리의 여름이 뜨거운 낭만이라 생각하고
너는 우리의 여름을 차가운 청춘이라 생각한다

후년의 우리는 올해의 시절을 추억할 거야
밤하늘을 뜨겁게 장식할 폭죽을 터뜨린 매일과 한 여름의 크리스마스 그리고 온종일 혀끝을 맴돌던 새하얀 아이스크림의 단맛을 잊지 못할 테니 말이야

2
여름의 저 편에는 소나기가 한가득
문 틈새 내리는 녹진한 향기와 품에 깃든 나의 소매까지 전부 푸른빛으로 가득할 뿐

비가 내리는 눅한 기분은 소리 없는 공연을 만들고

시골에 떠나버린 때와 같이
그때의 전부와 제자리를 휘두른다

오래된 카메라에 담긴 농장을 바라보고는
지긋이 세상을 헤엄친다
안부를 알 수 없음에도 그리워할 수 있는 이유는
매달이 우체통에 들어오는 낡은 편지 때문이기에

발송지를 알 수 없는 허허벌판의 편지는
여전히 짠 내 나는 바다향이 가득 나고

장날에는 딱딱히 굳은 자갈만 묻힌 채
글자조차 담기지 않은 편지가 바다를 남긴다

3
해님이 맛보던 아이스크림은 달고 미지근하다

뜨거운 열기에 녹아 사라진대도 그의 찰나의 입맛을 사랑해서

부뚜막의 고양이처럼
해님에게 아이스크림을 맡긴다

어린아이가 된 듯
달님이 맡기고 간 여름 맛 아이스크림을 길고 길게 맛본다

차가운 바람 속에서 길 잃은 모든 것들의 이야기

여름밤의 흩어진 추억들을 찾아 길을 잃고선
미아가 된다

땡볕의 정류장에 달궈진 나무 의자 위에 앉아
선선히 불어오는 바람만을 맞고

뺨을 적시는 바람 따위에 길을 나아가
돌아오지 못할 영원의 미아가 된 채로

길을 잃은 나의 발걸음이 지나면
하늘에 숨겨진 구름 조각이 길을 이어 딛는다

늦저녁의 바람은 풋내기의 쌀쌀함이고서
그렇게 도망친 곳들은 나의 평평한 낙원인 채로

열 열열 열열열 열사병

　더위 먹은 증상에 허덕인다 따갑던 피부 결은 어느새 무뎌지고 열의 경련을 느끼며 뒤집힌 세상에 고꾸라진다

　뜨거운 환경에 노출되고 녹은듯한 아스팔트는 속삭이지
수분을 빼앗자!

　그렇게 말라가고 말라가는 세상들은 무더운 햇빛에 잠식되고 갈라진 틈새에 숨을 불어넣는다

　내뱉는 숨마다 옅은 뜨거움이 말머리를 데워가고 숨 막히게 밝았던 오늘의 세상은 잊을 수 없을 만큼 일렁인다

　더위에 밀려난 세상은 하계를 반기며 열을 흡수해 온몸을 잠식한다 메마른 몸통에 숨통이 트이자 가쁘던 시절을 잊고선 앞날만 덮은 채

　그렇게 살아갈 나날은 영원히 메마른 세상인 채로
붉게 잠식된 하늘에 말머리를 이어간 채로 붉게 익은 채 살아가고 따가움을 즐기며 잊어가고

향수병

우리가 함께 추었던 왈츠는 별이 치는 바다의 엔딩점

두 손 가득했던 추억은 낡아버린 기억의 조각일 뿐이고 한 입 베어 물어 추락할 기억은 분홍빛 추억으로 물들이고

분홍의 세상은 꿈속 헛된 풍경일 뿐이기에 꿈속의 이야기를 퍼 날라 잊어갈 때면 그때의 기억을 꺼낼 때면 귀에는 바람 소리가 들리고 코에는 파란 향기가 입에는 매끄러운 갈증이 맴도네요

그렇게 시절을 곱씹습니다

한낱 여름 따위에 익사하고

내 인생의 꽃말은 여름뿐

허기진 여름에 황혼을 들이붓고 절박한 태양에게 인사를 건넨 채

네가 매달린 노을은 유채의 알맹이일 뿐
그렇게 져버린 꽃말은 나를 반겨주고
채도 낮은 삶에 반듯한 생기를 불어 넣는 것을

겉도는 계절의 손을 꼭 잡고 여름을 담은 필름 속으로 찾아가자 우리의
망각은 되돌릴 수 없을 만큼 푹 담겨 젖어있을 테니까

유리성

반짝 빛나는 창으로 지어진 성은 유리성이라 불렸지 유성우가 떨어지는 밤은 적당히 아름답게 피어 가고

무작정 바빠지기만 하는 하늘의 우주는 동결
휴식 속 새하얀 별자리만이 우리의 인사를 받아치고 우주에 내리는 총탄들은 평평한 하늘에 금을 그어 수놓인 하늘을 곱씹는다

창밖에는 수천 개의 모래들이 쏟아져내리고 하늘은 마치 자수 된 꽃꽂이와 같아서 하늘의 오늘은 유리의 경계처럼 품어 마시고 투명한 세상에 남겨 잊지 못할 영원을 소원한다

순수를 바랐던 밤하늘은 바깥의 소리로 엉망인 유리를 회복하고

날 새는 신호들은 아름답게 쏟아져 엎어진 하늘을 장식하고 투명히 우리를 치유하고 그렇게 불어난 투명한 유리창은 온 세상의 달님이 됩니 다

여름성

  탄산이 가득 담겨 톡톡 튀는 색들을 입안에 머금고 부드러운 세상을 유유히 헤엄친다

  별의 색깔은 빛나는 야광별같이 푸르게 반짝이고 심장 없는 해파리는 등 위에 별똥별을 업은 헤엄

  노랗게 바랜 민들레씨로 차가운 손을 씻어내려
  여전히 웃지 못 하는 얼굴에 여름을 부어주면 나는 종종 예쁘게 피어날 테니까

  특별하고 유난히 길던 올해의 여름처럼
  상큼한 레몬즙을 펴 바른 천장에는 우주가 가득하고

  맞지 않는 초점엔 동그란 햇님을 붙여 색을 잃지 않도록 노란 빛깔을 바른 채 여름을 바라보니

  그렇게 나는 조용히 미열에 잠긴 채 새빨간 토마토를 크게 한 입 베어문다

A에게

한여름의 A야 나는 푸른 세상을 맴돌고 있어
백상아리의 품 속 주먹을 쥐어도 보고 허우적거리는 모습에 하품도 내어보고

저항 없는 삶 속 흘러가는 시간들은 내 마음을 유영할 뿐
파도는 그 이상으로 높게 솟구쳐 세상은 익사하지

그 사이 나의 청춘은 사라지고 매끈히 춤추지 못한 너의 품에 잠겨 잠수를 해

사랑한다는 위로는 오후의 태양에게 빌었던 찰나의 소원일 뿐 고목나무 아래 빌고 또 빌었던 시절을 바라며 그렇게 침묵을 약속하니

목소리를 잃어버린 인어처럼 우리는 그렇게 물거품이 되고는 우울에 빠져 허덕이며 그렇게 사랑을 뱉어내

셋이 되어 엉망인 조각들을 교정하지 못한다는 것을 이미 알고 있다는 듯

우리는 꼭 살아있는 것처럼 용기를 집어삼킬 테니까 그렇게 우리는 영원을 살아서 유영할 거야

흘러가는 세상에서 빗발치는 마음을 담아 사랑하는 모든 것들을 너는 찰나의 헤엄일 뿐이라 말하지

거대한 파도가 뒤덮은 푸르른 세상은 뱉지 못 한 우리의 우주의 커다란 일부일 테니

잠겨버린 세상은 푸른 우주에 잠식되고 검게 물든 모든 것들을 우리는 아름답게 쓰다듬어

오늘부터 나는 심해의 깊이를 찾아 떠나려고 해
우리가 우리의 깊이를 잴 수 있게 될 즈음이면

심해 저 너머의 세상에 우리의 움막을 일궈놓을게
메마른 사랑에 자신이 생긴다면 물을 머금고 호흡해 보자

망가진 삶에 나비가 팔랑이면
그렇게 소중한 날갯짓은 평화를 일궈낼 거야
오래오래 날아간 나비의 날갯짓은 푸르른 꽃가루를 흩날릴 거야

B로부터

여름의 자욱한 추억을 되짚으며

모두들 찰나의 순간을 빌며 살아갑니다

노래에 녹은 봄날의 사랑을 사진에 깃든 여름날의 청춘을 책 사이 비집은 나뭇잎과 코끝을 얼리는 겨울의 향기 모두 찰나를 비집어 만들어낸 것이기에

하지만 그만큼 더욱이 소중한 찰나를 노래에 사진에 사이에 감촉을 새깁니다

오감을 간지럽힐 세상은 샛별을 새기기도 하고
오늘도 돌아간 길들은 상쾌한 공기를 남기기도 합니다

내가 추구하던 계절을 결국 되돌아 여름이기에 그렇게 끝마친 우리의 크레딧에는 사계만이 적힐 테니 우리는 앞으로도 여름을 쫓아 달려갑니다

23. 다음 중 바다의 계절을 고르시오.

알레르기가 있던 ①삶 속의 증오와 날카롭게 조각되어버린 사랑의 상처 들

아름답게 ②비상한 세상은 길이길이 착륙하지 못하고 재채기가 가득한 하늘을 빙글빙글 비행한다

③괴물 같은 시간에 벗어나 평화를 기리니 길을 찾지 못한 소녀들은 봄날의 향기를 기억합니다

④우주의 사랑은 안부를 묻고서
⑤그렇게 길 잃은 나침반을 쥔 채로

낮 출격 사건

명찰 속 이름은 쇠약이 절여진 희망과 같아요

이제는 사라질 청춘 속 한 구절을 이름에 담아 보냅니다
정오의 산책에 투영 시킨 나의 삶은 변함없이 반짝이는 별들을 내뿜을 테니

그 바람의 온도는 알맞게 익어가고
겨울에 잠들었던 오월의 상실은 새벽 속 지난밤에 깨어난 채로

껍질이 벗겨진 레몬의 형체를 잊지 않고 꼭 삼켜야 합니다

오늘의 내일은 사랑을 유영하고
상장에 적힌 나의 이름은 명찰 속 명확한 상태와 같기에

사람은
사랑을 합니다

염원은
영원을 바래요

4부 상처뿐인 여름에 헤엄을 치고

무한한 헤엄을 치다

낭만이라 칭하던 시절의 계절을 기억하는가
쉼 없이 뛰던 청춘의 리듬으로 사랑을 고파했던 시절에 돌아가기를 바라는 것을

삼키면 죽을 듯이 입을 오므리고 뱉지 않는 그 언어는 비린 바다 내음을 품고 있어서
이토록 꿈같은 향기가 코끝에 빙빙 맴돌고 미지근한 바람의 감촉은 부드럽게 쏟아진다

햇빛에 상한 여름을 파도로 부식하고 조각 난 모래자갈들은 바다를 치료하고
심연에 잠겨 별자리를 찾아 움직이는 운세는 형태가 없고 청춘을 뭉친 여름은 사랑의 음을 흘린다

손 틈새 비치는 바다의 윤슬에 뒤 감겨 흘리고 서로의 마음에 활짝 핀 호수를 애정 하여 껍데기뿐인 소리에 집중하니 멈추지 않는 태양이 피어갈 무렵에 태양이 질 곳을 가리킨다 마음을 똑 떼어서 천천히 퍼지고 번져가고는 그렇게 헤엄치며 허기를 때웠다

매주 수요일 능소화가 피는 날

숨 막히는 열대야에 쉽사리 잠들지 못하고
나의 취약한 여름은 길을 잃어 빛의 굴곡을 새긴다

직면한 시간의 새벽은 언제나 쓸쓸하니까 느리게 흘러간 별똥별의 맛은 달콤하니까

하늘에 박아둔 수많은 별들 중 하나를 따내어 행성을 만들곤 우주로부터 튕겨간 수백 개의 행성 중 일부는 나의 몸을 장식합니다

쌀쌀한 아침 공기를 지나며 보낸 인사말은 멀리 떠나보냅니다

고립된 섬에서 삶을 이어가고 빛이 스며드는 창에는 아침만이 가득하네요

빛이 스며들 벽면에 생화를 거꾸로 붙이고 꽃줄기를 티내던 투명한 테이프는 아름답게 빛납니다 장면은 마치 아름다운 숨소리와 같지요 능소화가 피는 날 나는 그렇게 사라집니다

난민의 집

홀릴 듯 다가온 말씀은 어찌 달콤한 것인지
환상에 흠뻑 젖은 듯 정신을 차릴 수 없다는 기억

혀에 바른 듯한 천사의 언어는 얼음을 문 채 내뱉어 냉기가 가득하다

기억 속 오랜 시간은 하루를 꼬박이 뒤집어 마신 채
눈을 뜬 순간들은 잠들기 직전의 감회만이 남아있을 뿐인 듯

순간의 초점이 잡히자 귀에선 천사의 목소리가 들리고 나는 맹렬히 귀를 기울인다

나는 그렇게 달콤한 천사를 꿈꾸던 너머로 발을 들이고 푹푹 앓는 소리를 내고 나의 색채는 더 짙게 물들었다

고래의 인사말

여름을 맡고 피어난 바다는 씨를 흩뿌리고
고장 난 파도 소리는 열매를 맺지 못한다

오렌지를 품은 달이 떠오르고
아삭한 바닥을 베어 물자 여름을 움푹 적신 농도는 그저 푸른 언어

여름을 미화하자 물기도 없이 사라져 버리고
이 망망대해의 표면은 힘을 축 늘이고서 파도의 결을 정돈하고

우리의 수심은 파랑이니까
한 그루 심어둔 환향을 바라보자

적막에 피어난 사랑별처럼
고래의 인사말은 우습게 피어난 가스불

꿀 먹은 벙어리의 흘러내린 눈물은 조용히 여름을 중얼거린다

해파리 사냥

해가 낙상한 바다엔 색 잃은 푸른빛이 가득하고

호흡 잃은 해파리는 절벽의 심장을 연명한 채 무음의 진동을 느낄 수 있나요 파랑뿐인 새벽을 견딜 수 있나요

건조한 세상에서 온통 젖어버린 마음은 더 이상 가까이 다가오지 않아서 바다에 잠겨있는 심장에도 별을 주워 담아서 빛을 뿜어낸다

슬픔이 아닌 잠식된 채 연명하는 꿈 갈퀴에 잡혀버린 허울뿐인 꿈

해파리의 푸른 인생에는 달님의 인사를 머금고 떨어지는 별똥별을 바다 위에 수놓고

나란히 걷다가 마주한 저 너머 수평선은 푸른 꽃만이 가득한 나팔과 같네요

낭만 실종 사건

소중히 기르던 낭만은 붉은빛을 내뿜고 노을의 시간을 가꾼 채 사라집니다

길 잃은 낭만은 어느새 뉘엿뉘엿 져버리고 실추한 낭만의 품격이 어둠 속으로 곤두박질치자 너덜한 낭만을 치유합니다

텅 빈 시인의 집에도
고요한 문밖에서도
낭만은 찾을 수 없습니다

현관의 찬 공기에
조그만 인사말을 남기고서
걸음을 옮깁니다

우리만의 은어로 소통을 건네도
돌아오는 신호음은 잡히지 않고

품격 있던 낭만의 모습은 온데간데없고
모두의 불긋한 심장을 뛰게 한 채 사라집니다

영원할 수 없음을 알고서 황폐한 세상을 찾아 떠났다는 말만이

어쩌면 감히 떠올린 것뿐만으로 낭만의 죄악일 수 있다는 것 위로보다
마음을 남겼던 것이 낭만의 전부일 수 있었다는 것

시간 속 모두는
노을 진 모험 속으로

꽃을 먹고 죽은 무덤은

엷게 놓아진 손목을 잊지 못한다

작게 옭매던 모든 것들은 어떠한 향기로 남고서
신선한 계절을 말하던 너의 얼굴은 매일의 웃음꽃을 피워낸 채로 홀로 떠나던 이야기 길에 우리는 손을 잡아 건너고

닿고 닳는 모든 것들이
소실될 명확점이니까

꽃이 피는 시간 네가 사라진 순간
나는 푸른 잎을 찾아 떠나고

바다를 마시고 싶다던 너를 위해
암벽의 초원을 찾아 떠나고

그렇게 함께할 곳들은
네가 먹은 꽃들이 피어나

한나절 지난 오늘은 네가 피워낸 꽃들이 가득하고

멸종된 모든 것을 사랑하고

너를 만나게 된 순간부터 내 마음은 고동이 피어났으니
멸종을 수집하는 나는 하나둘 먹어 치운다

어디까지가 나의 선인 지도 모른 채 전부 사랑해버리고 통통 튀던 불긋한 심장마저 뛰게 한 채로

어긋난 선은 잊어버린 지 오랜 듯 안개가 피어난 미래를 찾아간다
혼자서 나태한 설렘을 기억하고 나의 상처는 언제나 아름답게 피지 못해서

그렇게 숨 막히는 여름을 총살하고
남은 건 멸종된 너를 기억한 나뿐인 채
동화 같던 우리의 이야기는 멸종한다

여름에는 상처가 제철

청춘의 풍습은 여전하고 샛노란 아침은 찬란할 것

팔랑이는 나비의 날갯짓을 꿈꾸곤
목구멍으로 넘어가 색이 바뀌는 꿈속을 다정히도 헤엄쳐간다

뜨겁게 달궈 뱉어낸 여름의 분비물을 바다에 흩뿌리고서 멈추지 못할 틈들의 기적은 못 된 추억을 되살려 아침잠을 비집고 흐르는 별들은 상처를 치유해 주고

여름에 피어난 무지개는 푸른 바다에 잠식되어 한탄하지 못한 채 피어날 모든 꿈들이 투명한 몸을 끌어내린다

언제까지도 사랑할 나의 여름은 창 틈새 흘러내리던 허공에 가깝고
모호한 경계 속 유일하게 선명한 색 잃은 원망은 두 손 가득 색을 쥐여 주고는

염려할 수 없는 모든 세상에서 반드시 빛이 날 시절의 우리는
가장 잘 팔리는 여름의 가장 큰 상처가 될 테니

바람의 온도는 사막과 같이

사막의 온도차는 낮과 같지
뜨겁게 일렁이는 모래와 달게 익어버린 사막은 헛된 우물을 만들고 밤의 온기마저 뺏어 삼키는 모든 것들이 꿈의 가호일까

얼음장같이 식어버린 오후의 세상은 별 박힌 우주뿐인데
그렇게 이어진 세상에 환호가 가득한 이유는 사막의 선장이 있기 때문일까

낭만 배달부

이른 새벽
해도 눈 뜨지 못 한 시간
차가운 신문 뭉치를 챙겨 나가요

4월에도 여름을 느낄 수 있잖아요
투명한 꿈결에 녹아들고 망상에 휘적인 채

통통 튀는 리듬에 따라 페달을 밟아 나아갑니다
창문 밖의 인사가 들리는 것처럼 태양의 소리가 보이나요

신문과 함께 담은 바구니 속 낭만 한 모금을 들이키고 인사합니다
오늘 하루도 활기차게
신문과 함께 던져줍니다

그렇게 오늘도 여름을 맞이하고
그렇게 얌전한 더위를 맞이하고

레몬과 들뜨던 청춘을

원래 여름을 맞이할 계절은 겨울이잖아

여름이 아닌 계절을 사랑하고 겨울의 나약한 헛됨이 으스러지지 않도록 레몬의 신맛이 입안에 감돌면 시리게 짜인 세상을 후회 없게 살아보자 그렇게 달달한 여름의 한 컷을 남겨보자

뜨겁고 신맛에 중독되어 그렇게 여름의 삶에서 벗어날 수 없는 것을 알게 된다면 발버둥 쳤던 모든 것들이 바다를 담은 커다란 어항에 금이 가 버린 것이 아닐까

우리가 기억했던 여름은 그저 청춘의 한 컷일 뿐이니
상상하면 입에 고이는 레몬의 씁쓸함과 시린 맛을 느껴보자 그렇게 여름을 그리며 만들어가자

내일의 새벽에는 청춘 속 레몬을 가득 심어 상기시고
입안에 머금은 레몬의 신맛은 가녀린 목뒤로 삼켜 마시자

들뜬 물거품은 여름 체질

사랑하는 여름의 날씨는 고귀하지 빛을 머금은 색채 속 달님은 오색을 품고

우리의 홍채는 블랙홀과 같잖아 언덕 너머 숨 쉴 수 있는 곳들로 달려가자

유채꽃의 향기는 강가의 불꽃놀이와 같잖아 언제나 멈춘 심장을 뛰게 해주는 것처럼

그렇게 내 꿈 안은 장마가 멈추지 않고 사랑을 배우던 나의 자유는 영원을 멈추지 않으니

흰 구름이 둥실 떠오를 때 공존하던 늪에서 벗어나자

우리의 바다를 수용하고 유영하며 말하는 소원을 잊지 말자 어른이 되어버린 내게 돌아올 청춘을 기다리며 다시 한 번 맺어가자

다시금 만날 그 시약의 약속을 잊지 않고 마주할 한철의 약속을 기다리자 그렇게 맺어보자

무지개가 병에 감염 된다면

해가 지는 날에는 목련이 둥실 뜬 채 바위로 변한다

단단하게 변한 풋사과를 한 입 크게 베어 물고 필름에 담긴 꽃무더기를 그리워하고 다음 생에는 들으로 태어나기를 바란다

돌아오지 않는 소식들은 자꾸만 끓어오르고
코너변의 이야기는 신선히도 빛이 난다

불완전함과 찬란함이 공존하는 모든 곳에
매일매일 가시지 않는 날씨를 더하고
영원과 더위의 그 경계에서 접지 못한 학들의 울림이 펼쳐진다

주변을 맴도는 나비들은 폭죽처럼 새하얀 빛들을 내뿜어 눈길을 빼앗기고 물고 남은 풋사과의 조각들은 해변에 나뒹군다

비가 개지 않은 날에도 무지개는 피어나고
퍼지지 않는 질병도 빙각에 얼어있다
해가 질 것을 걱정하는 날씨보다
비에 감염된 무지개가 피어날 것을 바라는 소망

무지개는 민들레 씨를 흩뿌리고 빛나는 해변은 기침을 내뱉는다
그렇게 무지개의 오색빛 사랑은 영원히 빛날 테니

부재중 여름

낭떠러지뿐인 전부에 발끝이 차오르고 마지막만이 존재한다

상처가 낡았다는 생각
여름에는 돗자리를 편 채 도시락을 까먹자
우리의 여름은 형태가 없으니까 결국 작게 마를 테니까

우연히 봄날을 맞이한 순간은 여름을 바랐던 때였기에 당황한다
흘러버린 봄을 꺾어내자 여름이 피어났다

여름에 감염되고 쫓겨난 봄들은 표류한다
분노한 봄들은 붉게 핀 매화에 심어들었다

나는 그렇게 왜곡 된 그 시절 여름만을 추억하고

백합이 유출된 이야기

잊혀진 세상에 피어난 백합은 온몸에 웃음을 새겼다
흑백의 세상 속 하얗게 피어난 백합은 여행을 떠나고
저 멀리 당겨진 반대편까지 멀리멀리 뛰어 달려갔다

숨 막히게 날아가던 백합은 숨 쉬지 못하고 춤춘 채
팡팡 튀는 파동을 삼키고 빛나는 눈동자에 반해 동동 뛰어간다

우리를 화창이 담은 날의 색깔

백합은 숨죽이고 사랑한다
하늘은 푹푹 쩌가는 채로 공기는 널찍이 뛰어간다

비릿한 바다의 바닷바람은 바다를 바란다

1
파도가 트인 자리 거품만 일렁인다
도망친 세상은 푸르게 익어 잡아먹히니 세상을 접기 위한 종이배는 날개가 달린다

날개는 젖어 녹아 잊지 못한다 길을 트지 못하니 다시 흘러가는 바닷짓에 소리는 맴돈다

거품은 파도의 끝
품지 못한 바다는
이리도 비좁다

되어버린 말들의 끝머리는 점을 찍지 못한다
멈추는 호흡들은 잃어 바람을 외치곤 하지요
버림받은 저수지와 약속했던 저녁마저 잊은 채 어느새 숨이 멎어버린다는 것을

2
여름에 피는 향의 내음
눈금자 끝마디에 갇혀 소리가 윙윙댄다
눈물에 젖어 시큰히 달여버린 바다 내음을 곱씹으니
한 켠에 담아둔 거품은 비릿한 향만이 가득하다

나는 이렇게 나의 여름을 정의한다

가시밭길의 오늘도 그렇게 살아갈 우리의 아침도 가벼운 단어로

이렇게
아침의 여름을 꺼내 먹고

우리가
당신이
아침이
깨어날 내일의 새벽은 푸를 청 자를 쓰여 가장 아름다운 새벽을 마주하
길 바란다

그렇게 여름을 기록하고
그렇게 사랑을 말하고
그렇게 푸른 낭만에 안긴 채로 살아갈 것을

★
★
여름

5부 좋아한다고 말할 수 있는 그 맛을 좋아해

여름 깨우기

만약 네게 여름의 맛을 알려주어야 한다면
나는 사탕을 콱 깨물어 입에 넣어줄 거야

두 겹의 사탕을 알아?
열기에 녹은 겹을 다시 굳힌 사탕

겹을 쌓기 위해서는 여름의 맛을 알아야 하는데

나는 사탕을 꼭 깨문다

어제 씹은 레몬 맛은 얼얼해질 정도
일렁일렁 지루해지니까 사랑을 할 수 없는 거야

그럴 땐 사탕을 깨문다

알싸한 충격으로 여름에서 깨어나면 어떡해

모든 게 꿈이었다면 사랑을 부정할 수 있어
일어나라고 소리치는 것

더 이상 낮잠을 잘 수 없는데

어서 일어나야지
레몬을 씹으려면

심심할 때 사탕을 먹는 습관

여름을 먹는 습관
그러면 여름이 벌떡 일어난다

나른한 여름의 순간은 반드시 찾아온다

여름을 떼어낸다고

붙이는 것처럼 쉬운 마음이 아니야

과일 시뮬레이션
사랑의 순간에 맞는 과일을 찾는다

미지근한 선풍기 바람에 잠을 재우기

콘서트가 끝날 무렵 불꽃놀이가 터지는 걸 보고
여름이야 라고 외칠 수 있어

반드시라는 대답에 얼음을 문대고

아직도 나른히 감기는 이유는 제철 과일을 먹었기 때문이다
그것을 한 입을 베어 문 자국은 사랑 자국이야

간지럼을 태우면 터지는 웃음이 축제의 불꽃놀이인데
그것을 한 입 먹으면 눈이 감기는 거야

숨을 쉬는 것처럼 당연한 바람이 휭 불어오는 것
그것이 잠을 불러온다

나른한 여름의 순간은 반드시 찾아온다

덧나버린 상처를 문지르는 거야!

문구점에서 샀던 웃긴 캐릭터 모양의 반창고를 기억해

자꾸만 추억을 떠올리고 싶어서 나는 덧나버린 상처를 자꾸만 문댔다

잔디 위에서 무릎을 펼치고 있는 걸 좋아하는데
그때마다 상처가 아른거리는 게 싫었어

비가 올 때면 시리는 그곳
문대면 추억이 빛나는 그곳

자꾸만 따끔대는 상처를 덮는 방법은 웃긴 반창고를 붙이는 것뿐이다

이유를 알 수 없는 상처가 춤을 추는데 반창고를 문지르면 기분이 좋아 잔디를 쬐는 태양이 내 무릎도 쬐어서 집에 갈 때쯤에 떼어진 자국은 오래된 반창고 모양

딱지가 아니라 덧나버린 모양

그래도 괜찮아
덧난 것은 열심히 사랑했다는 증거이기 때문

그 커다란 믿음으로 상처를 견딘다
상처가 가득한 여름을 견딘다

유쾌한 상처 꿰매기

데굴데굴 굴러가는 자전거를 알아

이름은 분홍인데 빛을 받으면 푸른색으로 빛이나
그 커다란 빛남을 좋아하는 것처럼 숨을 쉬기

내리막길을 털털거리며 내려가는 모습에서 느끼는 달달한 맛
조그맣게 뜨여진 원룸에 갇혀서 숨을 쉬는 게 좋아

선풍기 바람이 헤어지는데 걸리는 시간을 계산하는 방법

어제 만났던 바람의 소리는 커다랗게 유쾌한 소리
오늘 불었던 바람의 소리는 굉장히 조그만 소음

이 둘이 만나면 사랑스러운 소리가 날 수 있을까
사랑한다는 착각으로 만남을 이어주어야 할까

고민하는 사이에 계산이 끝났다

데굴데굴 굴러가는 자전거 바퀴가 터졌다는 소식인데
터져 나온 바람이 선풍기를 도와줬다는 거야

사랑에 찔린 피해자처럼 멍하니 서 있어야 해
그래야 그 상처를 꿰맬 수 있어

커다랗게 퍼지는 상처를 유쾌하게 꿰매는 방법
일단 이름을 지어주는 게 먼저다

오래된 과일 시트러스 향

달콤함은 언제나 짧고 덕분에 찬란하다

헌 오렌지를 찾아보는 것
새콤한 맛을 좋아하지 않는데

건네주면 크게 한 입 먹을 수 있어

오물거리면 밍숭맹숭한 맛도 나고

상하지 않았을까 후회도 하는데 여전히 허기가 가득
씹은 후에는 그런 다짐을 하지 않아도 되는 것처럼

웃음이 필 수 있는 예쁜 날이야
크게 터진 보조개에 아까 받은 동전을 끼워보고 싶다

언덕이 무럭무럭 자란 길을 찾기란 쉽지 않은데 손을 잡고 걷기 시작하면 그것도 모험이 될 수 있어

뒤꽁무니가 상해버린 오렌지를 찾는다
상처가 있다면 먹을 수 없는 거야

나는 먹을 수 있는데
오래된 상처가 머문 맛을 좋아한다

네가 남긴 상처도 자꾸만 씹어댄다

제로 파파야 주스

우리가 만든 열대 과일
5살에 만든 이불 텐트의 기분이야

부드럽고 달콤한 맛
여름이 아닌 게 분명하다

여름이 이렇게 부드러운 맛을 준다면 모두가 여름을 사랑할 텐데

고소함과 신맛이 춤을 추면 그것도 여름이 될 수 있어
대체당이 주는 거짓말도 그것도 사랑이 될 수 있어

내가 만든 이불 텐트는 여름용 이불로 만들었어
여름을 지키기 위해서니까

그때는 추억을 회상할 필요가 없다
5살의 나는 그때의 나일 수밖에 없어

파파야가 그런 맛이야 어제를 떠올릴 수 없는 맛

껍질은 초록색에서 오렌지가 되는 거야
내가 여름에 천천히 익는 것처럼

씹는 맛이 흐물흐물한 것처럼 녹아버린 순간에 마음도 흐물거린다

제로는 가짜가 아니야
값이 없는 가짜가 될 수 있지만

우리는 가짜가 아니니까
나눠 먹은 사랑은 진짜일 테니까

이제는 나쁜 마음을 먹지 않아도 괜찮아

퐁당 껌과 포도당

넣기도 전에 톡하고 터지는 단맛
그날따라 유난히 말랑했어

조금의 설탕으로 세상을 견딜 수 있을 거라는 믿음
서랍 한구석에 몰래 숨겨둔 포도당 캔디

마음이 출출할 때마다 하나씩 꺼내먹는데
내가 만든 위로가 아니야

퐁당거리는 식감을 좋아하는데
오래 씹으면 사라지는 맛
입에 닿자마자 녹아버리는 순간이 소중해

짧고 강렬한 퐁당거림
달콤한 사탕으로 쓸쓸한 쓴맛을 견디는 법을 배웠다

그 사이에 백번은 씹은 껌을 넣고 싶다

삼킬 수도 없는 마음이 맴도는 게 껌을 씹는 것 같아
뱉을 수도 없는 마음을 베끼는 것처럼

퐁당 퐁 떨어져 버린 껌을 씹고
단맛이 떠오를 때까지 껌을 씹기

토스트 교향곡

덜어내는 방법을 배운다

오래된 교향곡보다 새로 나온 것을 좋아하는 것처럼
그래도 어제 구워진 것만큼 당연한 마음은 아니야

늘 그곳에서 기다린다는 마음가짐

커다란 다짐일까

펑 하고 터지는 박자가 좋아서
발걸음이 닿을 때마다 통통거린다

 순간마다의 조합이 흥얼거리게 만드는 이유는 맛있는 군것질을 했기 때문이야

유쾌한 워터멜론

하하하 터지는 웃음을 기억해

물수제비를 하지 못하는데 다 터진 수박으로 수제비를 접기
빨간색으로 물들면 그런 맛이 나는 거야

과일 모찌가 없어서 아이스크림 모찌를 먹었는데
이건 나의 간단한 사치

겁도 없이 신이 나 춤을 추는데
맛이 좋아 신이 난다

그럼 또다시 하하하

우리가 함께 모인 자리는 뜻깊은 자리
꼭 과일을 씹지 않아도 느껴지는 달콤한 맛인데

입에 묻은 가루를 턴다
달콤한 맛은 이제 없다

유쾌한 맛은 수박에만 머물러
유쾌한 워터멜론

그 맛을 좋아해
좋아한다고 말할 수 있는 그 맛을 좋아해

주파수 싸롱

전주가 흐르면 알 수 있다
흐름을 통해 사랑하는 것들을 감쌀 수 있어

제목도 모르는 음악을 찾기 위해 애를 쓰는 것처럼
급하게 키스하고 떠나버린 그 리듬을 찾기 위해

손등에 반짝이는 빛이 진다

길 잃은 리듬을 모아둔 집이 있었는데
그곳이 주파수 싸롱이야

때깔이 너무나 달라서
개성이 집을 잡아먹을 뻔했다

가사가 문밖과 싸우기도 하고
자꾸 문을 두드려 나가고 싶어 하는데

창밖에서 길 잃은 주인을 바라보는 것

축 빠진 힘으로 라디오를 틀었을 때 길 잃은 노래를 소개하는 순간 리듬의 이름이 기억나는데

집의 이름은 주파수 싸롱

여전히 마음이 콩닥이는 곳
머리를 자르지 않아도 리듬을 자를 수 있는 곳

더보기

1

 (　　　)은 계절일까
한 마디에 손끝은 미미하게 흔들려 해를 잃은 해바라기는 병을 앓는다

나는 우리의 (　　　)이 뜨거운 낭만이라 생각하고
너는 우리의 (　　　)을 차가운 청춘이라 생각한다

 후년의 우리는 올해의 시절을 (　)할 거야
 밤하늘을 뜨겁게 장식할 (　)을 터뜨린 매일과 한 여름의 크리스마스 그리고 온종일 혀끝을 맴돌던 새하얀 아이스크림의 단맛을 잊지 못 할 테니 말이야

나는 우리의 여름이 뜨거운 낮만이라 생각하고
나는 우리의 여름을 차가운 청춘이라 생각한다

여름은 계절일까
한 마디에 손끝은 미미하게 흔들리
해를 읽은 해바라기는 빛을 읽는다

훗날의 우리는 올해의 시절을 추억할 거야
말하늘을 크게 장식할 폭죽을 터트린 매일과 한 여름의 크리스마
스 그리고 온종일 햇클을 맴돈 더 새하얀 아이스크림
맛을 잊지 못할 테니 말이야

2

 (　　　)의 저 편에는 소나기가 한가득
 문 틈새 내리는 녹진한 향기와 품에 깃든 나의 소매까지 전부 푸른빛으로 가득할 뿐

 비가 내리는 눅한 기분은 소리 없는 (　　　)을 만들고
 시골에 떠나버린 때와 같이
 그때의 전부와 제자리를 휘두른다

 오래된 카메라에 (　) 농장을 바라보고는
 지긋이 세상을 헤엄친다
 (　　　)를 알 수 없음에도 그리워할 수 있는 이유는
 매달이 우체통에 들어오는 낡은 편지 때문이기에

 발송지를 알 수 없는 허허벌판의 편지는
 여전히 짠 내 나는 바다(　)이 가득 나고

 (　　　)에는 딱딱히 굳은 자갈만 묻힌 채
 글자조차 담기지 않은 (　　　)가 바다를 남긴다

여름의 저 편에는 소나기가 한가득
문 틈새 내리는 녹진한 향기와 품에 깃든 나
의 소매까지 전부 푸른빛으로 가득할 뿐

비가 내리는 눅한 기분은 소리 없는 공연을 만들고
시골에 떠나버린 때와 같이
그때의 전부와 제자리를 휘두른다

오래된 카메라에 담긴 농장을 바라보고는 지긋이 세
상을 헤엄친다 안부를 알 수 없음에도 그리워할 수
있는 이유는 매달이 우체통에 들어오는 낡은 편지

때문이기에

발송지를 알 수 없는 허허벌판의 편지는 여전히 짠
내 나는 바다향이 가득 나고 장날에는 딱딱히 굳은
자갈만 묻힌 채 글자조차 담기지 않은 편지가 바다를 남긴다

3

해님이 맛보던 (　　)은
달고 미지근하다

뜨거운 열기에 (　　) 사라진대도
그의 (　　)의 입맛을 사랑해서

부뚜막의 고양이처럼
(　　　)에게 아이스크림을 맡긴다

해님이 맛보던 아이스크림은 달고 미지근하다 뜨거운 열기에

녹아 사라진대도 그의 찰나의 입맛을 사랑해서 부뚜막의 고양이처럼

해님에게 아이스크림을 맡긴다 해님이 맛보던 아이스크림은 달

고 미지근하다 뜨거운 열기에 녹아 사라진대도 그의 찰나의 입맛을